LE CHATEAU BORÉLY ILLUSTRÉ.

LE
CHATEAU BORÉLY

ILLUSTRÉ,

RÊVERIE ARTISTIQUE ET SCIENTIFIQUE EN 1860

PAR

M. BARTHÉLEMY-LAPOMMERAYE.

ACADÉMIE DES SCIENCES.

Séance publique du 5 Août 1860.

MARSEILLE,

TYPOGRAPHIE ET LITHOGRAPHIE VEUVE MARIUS OLIVE,

Rue Paradis, 68.

Tout le monde, à Marseille, connaît l'origine de cette demeure rurale, splendide (1), dont la vaste cour d'honneur s'ouvre sur le chemin vicinal de Montredon, à peu de distance du village de Bonneveine.

Son domaine touche, dans une direction, aux bords ombragés de l'Huveaune, ce large ruisseau, enorgueilli du nom de fleuve qu'on lui donne, car, en effet, il a une source constatée, car il traverse une assez longue étendue de territoire et se décharge, par une embouchure plus que modeste, dans le grand lac Méditerranéen !

D'un autre côté, il a, pour limites, une plage de sables que les flots, d'un limpide azur, caressent amoureusement, ou sur laquelle, parfois, la vague impétueuse, aux sinistres couleurs, vient s'abattre en grondant d'une voix mugissante, saisissant diminutif des tempêtes océaniennes.

C'est le château Borély, ainsi désigné du nom de son fondateur, négociant honorable et honoré, dont l'une des petites filles fut unie en mariage à M. le comte de Panisse, à la famille duquel la population marseillaise conservera longtemps une place dans ses meilleurs souvenirs.

Tel qu'il fut jadis, sous son ancien fondateur, avec le luxe d'embellissements qui le decorent, tel qu'il a été

(1) En 1823, S. A. R. Mme la duchesse d'Angoulême, arrivant au château Borély par la cour d'honneur, s'écria, à l'aspect de la construction imposante du bâtiment : Et c'est là ce qu'on appelle une *Bastide*.

maintenu plus tard, sans altération, quand il échut à ses nouveaux maîtres, le château Borély a été, toujours dans la campagne de Marseille, une des merveilles que le voyageur étranger, attiré sur nos bords, se plaisait à visiter.

N'y trouve-t-on pas, en effet, avec un vif sentiment d'admiration, dans une galerie que j'appellerai monumentale, une nombreuse et riche collection de tableaux signés par des maîtres illustres, tels que : Léonard de Vinci, Le Titien, Jules Romain, Le Tintoret, Paul Véronèse, Le Calabrese, Ruisdal, Zurbaran, Canaletti, Carle Maratte, Trevisani, Sébastien Conca, Benedetto Castiglione, Bonvicini Ribera, Parrocel, de Troy et notre Vernet, si bien représenté, de nos jours, par Carle et par Horace ; collection de 112 toiles et de 70 objets d'art, vases étrusques, etc., dont plus d'un musée de province pourrait se montrer jaloux !

On s'arrêtait aussi, pénétré d'un recueillement religieux mêlé d'agréable surprise, au seuil d'une chapelle, toute de marbre de Paros, avec ses grâcieux bénitiers de Portor, avec ses bas-reliefs de prix sculptés par Foucou et Filipo del Valle, enchâssés dans la pierre, ses statuettes et ses sculptures ornementales du fini le plus achevé.

Le cicerone du château faisait remarquer aux visiteurs ces boiseries refouillées par un burin artistique, dans lesquelles, au plus fort de la tourmente révolutionnaire, sous le joug homicide de la terreur, des bayonnettes inintelligentes et profanes enfoncèrent leurs pointes acérées.

On aimait encore à saluer de Princier, ce magnifique salon de réception et d'apparat, relevé de fines ciselures et tout resplendissant d'or.

On le dirait disposé pour recevoir un trône, et l'on pourrait, sans déroger aucunement, y tenir une cour plénière des plus brillantes.

Tel qu'il est aujourd'hui, fraîchement restauré à l'extérieur, religieusement conservé dans ses distributions et son ornementation intérieures, ce château a acquis un mérite de plus.

N'a-t-il pas provoqué la construction d'autres villas fastueuses, sur la pente des coteaux opposés, d'où l'œil embrasse le riant paysage de la vallée, en remontant vers l'intérieur des terres, ainsi que le sinus accidenté de notre golfe, émule presque heureux de celui de Naples, si les îles du voisinage étaient *Ischia* et *Procida*.

Mais il faut bien le dire aussi parce que c'est la vérité,

le château Borély n'a plus aujourd'hui ses franches coudées d'autrefois.

Des combinaisons nouvelles, spéculatives, ont singulièrement amoindri son riant périmètre. Il aurait déchu, sous ce rapport, si une somptueuse artère, débouchant en ligne directe sur la belle promenade du Prado, ne devait lui être donnée comme fiche de consolation.

Le château Borély gagnera, par les nombreuses visites des brillants équipages de nos dames élégantes et de nos jeunes fashionables, ce qui lui a été enlevée de parcelles de prairies périodiquement fauchées et de potagers productifs.

L'administration municipale aura créé, pour lui, cette situation nouvelle; elle nous aura fait ces doux loisirs.

Jusqu'ici, Messieurs, nous sommes resté sur le terrain de la réalité.

Veuillez permettre que je vous conduise, pas à pas, dans le domaine des rêves dorés de l'imagination, des rêves qui, pourtant, peuvent s'accomplir et nullement des châteaux en Espagne.

Il a été question, un moment, sous la dernière administration, de transporter au château Borély les collections du muséum d'histoire naturelle de la ville.

L'opinion publique discuta diversement la convenance de cette mesure.

Puis, une voix inconnue, qui paraissait avoir une certaine autorité de langage, voulut considérer cette prise de possession par des phalanges d'animaux empaillés, disait-elle, comme une profanation de cette résidence champêtre.

Il eut été facile de répondre, preuves en mains, que si les hoirs de Panisse redoutaient quelque chose pour leur château patrimonial, ce n'était pas sa consécration à la science, mais plutôt le marteau démolisseur de la bande noire, pour ne pas parler de destinations bien autrement dégradantes.

Que deviendra, dans un avenir plus ou moins prochain, le château Borély, propriété communale?

Telle est l'interrogation du moment! Elle est suggérée, par instinct, à tout Marseillais quelque peu jaloux de la prospérité de sa ville natale.

Les modèles en plâtre des chefs-d'œuvre de sculpture dûs à l'immortel ciseau de Puget, citoyen marseillais, viendront s'y aligner d'une façon tout-à-fait convenable!

Voila la réponse, dubitative il est vrai, qui se fait jour au sein de la population attentive, car la place de ces modèles est bien mieux indiquée dans le futur musée de sculpture et de peinture à créer par la ville.

Des modèles en plâtre ! Eh quoi ! pas un seul original de ces chefs-d'œuvre tant estimés !

Des modèles en plâtre ! Mais demandons quelques-uns de ces originaux fameux aux nombreuses églises des Gênes la superbe !

Des modèles en plâtre ! Eh bien nous les acceptons, à défaut des originaux à jamais perdus, ne fût-ce que comme une manifestation publique du regret vivement senti de n'avoir su faire mieux jusqu'ici, comme une expiation solennelle de notre séculaire ingratitude à l'égard de l'artiste célèbre.

Oh ! pardon, Messieurs ! je trouve encore ici l'occasion de rendre un hommage mérité à la mémoire du simple négociant M. Borély.

Si l'administration civile, contemporaine de Puget, négligea d'acquérir, *ex œre publico*, quelques-uns des chefs-d'œuvre de l'artiste qui a tant honoré Marseille ; plus tard, M. Borély, avec les bénéfices honnêtes de son commerce, dotait sa villa du Faune jouant de la flûte, dont le beau galbe, la grâce et le fini du ciseau révèlent si bien le fécond génie du maître.

Mais, dira-t-on, quelque nombreux que puissent être les modèles dont il vient d'être parlé, suffiront-ils pour remplir tous les salons du château Borély ?

Non, sans doute ! Il y a donc quelque chose de plus à faire pour combler les vides. Nous allons être bientôt en pleine rêverie.

Messieurs, veuillez écouter !

Sur le plateau élevé qui domine en même temps la ville de Marseille et son ancien port, le port neuf déjà encombré d'une forêt de mâts, les ports annexes destinés à abriter la fortune de nos négociants, et la rade incessamment sillonnée par les vaisseaux du commerce, S. M. l'Empereur a voulu faire construire un palais ! Cette résidence princière est bien moins destinée assurément, ainsi que la nature des lieux l'indique, au délassement des sérieuses préoccupations gouvernementales, qu'elle n'a, pour principal objet, de présider aux destinées prospères de la première ville commerciale et industrielle de l'empire sur les bords méditerranéens !

Entre ce palais et la côte, il n'y aurait pas de communication possible, si la promenade de la Corniche ne touchait au terme de son exécution.

Le passé a donc concouru, sous ce rapport, aux combinaisons du moment présent, si bien que cette promenade pittoresque deviendra le trait-d'union heureux entre le palais impérial et le château Borély.

D'un côté, la roche abrupte qu'une végétation rebelle sera impuissante à rafraîchir jamais, avec son monument aux lignes architectoniques, sévères et gracieuses, qui aura pour blason glorieux l'aigle aux ailes déployées, emblême du courage et de la force !

D'autre part, la villa splendide dans sa simplicité, aux larges et verdoyantes avenues, aux eaux limpides et jaillisantes, avec ses frais jardins et le parfum de ses fleurs !

Contrastes frappants et, par cela même, singulièrement remarquables !

La manière de combler ces vides, artistement et scientifiquement tout à la fois, est celle-ci :

Elle fournirait à l'administration municipale les moyens de préparer le bouquet de reconnaissance si bien mérité par le Chef de l'Etat, en retour de la protection visible dont il entoure notre florissante cité.

Marseille, dès son origine, lorsqu'elle fut la Rome commerçante, marchant de pair avec la Rome guerrière, entretint des relations suivies avec l'Egypte qui lui fournissait les aromates et les marchandises précieuses de l'Inde.

Réunissons, dans un musée spécial, la série la plus étendue possible des richesses, longtemps enfouies, qui attestent les progrès artistiques de l'Egypte sous les Pharaon, les Sésostris et les Rhampses, avec les perfectionnements acquis aux époques Grecque et Romaine.

Je sais, ici, de beaux sarcophages de basalte verdâtre, richement ornementés par une habile main, dont les figures, royales peut-être, pleines de calme et de sérénité dans leurs contours irréprochables, se dresseraient majestueusement à l'entrée d'un temple Egyptien orné, à l'intérieur, de nombreuses statuettes en bronze d'une pâte choisie, représentant des divinités, de sculptures monumentales d'une admirable conservation, de cartouches et d'inscriptions hiéroglipbyques bien dignes d'avoir sollicité les patientes et savantes études de Champollion et d'autres archéologues distingués.

On y joindrait aussi une myriade d'objets non moins curieux, non moins intéressants, ayant trait aux divers usages, aux besoins de la vie intime, tels qu'on s'en servait, en Égypte, à des époques dont quelques-unes se perdent dans la nuit des temps !

Ce serait, pour notre ville, une reproduction, en diminutif, du musée Egyptien du Louvre.

Nous sommes les descendants des Phocéens, et Marseille s'honore, à bon droit, d'avoir été sœur de Rome et émule d'Athènes.

Fidèles à ces souvenirs, consacrons un sanctuaire aux antiquités Grecques et Romaines.

De nombreux matérieux recueillis aux lieux où ont existé jadis les plus florissantes colonies de la Grèce et de Rome, sont placés sous nos mains ! Sachons nous les assimiler, et chaque jour verra s'accroître, par des dons spontanés ou des acquisitions faciles, le premier noyau qui aura été formé.

De nobles idées de civilisation et d'humanité entraînent, en ce moment, la France vers l'extrême Orient. La religion y porte, haut et ferme, le signe rédempteur de la croix. par la main digne et pure de l'apostolat évangélique.

Le flambeau de la civilisation s'avance à travers les murailles réputées infranchissables de la Chine, sous la protection de la vaillante épée de nos héroïques soldats.

Ouvrons un asile aux curieux et souvent inimitables produits ouvrés du céleste empire, aussi bien qu'à ses productions naturelles !

L'éthnologie est une science véritable qui, de nos jours, a remplacé avantageusement la vaine curiosité.

Ayons un musée éthnologique chinois ! Bien des éléments, pour sa formation immédiate, sont épars çà et là, à Marseille même.

Il s'agit de les réunir, de les coordonner. L'avenir se chargera d'ajouter pierre sur pierre au monument dont nous aurons vu s'élever les fondations intelligentes.

Le besoin incessant des recherches et des découvertes, qui domine notre époque, pousse des reconnaissances vers toutes les directions du globe. Elles ont pour but l'étude des habitudes, des mœurs, de la théogonie des peuplades barbares.

Ce besoin impérieux, chez quelques âmes d'élite, nous ouvrira, il faut l'espérer, dans un avenir prochain, de nouveaux horizons à travers l'imprévu des contrées brûlantes du vaste continent africain. Un itinéraire certain, réunissant les deux mers, du Nord au Sud, de l'Algérie, notre précieuse conquête, jusqu'en Abyssinie, de l'Egypte de Saïd-Pacha jusqu'aux dernières limites du Soudan, baignées par l'Atlantique occidental, deviendra une sérieuse réalité, en cessant d'être un insaisissable mirage.

Ne pouvons-nous déjà constater, avec un sentiment de fierté nationale, que quelques-uns de nos braves officiers, partis des possessions françaises dans la Sénégambie, se sont avancés, à travers le Sahara, assez près des frontières du Maroc pour être témoins de l'effet produit par le succès de nos armes, dans une récente et rapide campagne.

Je n'ai pas à m'occuper de l'Isthme de Suez, sur lequel l'honorable récipiendaire vient de fournir des détails peu connus et d'un vif intérêt.

Sous la zône équatoriale, le pied triomphateur des Humboldt et des Spix a touché, furtivement, le sol mystérieux occupé par des tribus indiennes encore à peu près inconnues à la géographie moderne !

Non moins aventureux, mais plus heureux que ses devanciers, un noble fils de la Vénétie, le docteur Joseph Munérati a planté sa tente au milieu d'elles et y a fixé son séjour pendant trois années.

Sans doute, Messieurs, vous avez lu quelque part, dans les colonnes retentissantes de la presse, le récit sommaire de cette pérégrination lointaine et si dangereuse.

Quarante tribus au teint bistré, errantes, dans leur état primitif, entre le 5e degré de latitude Nord et le 1er degré de latitude Sud, les 66e et 78e degrés de longitude occidentale du méridien de Paris, depuis le bas Orénoque jusqu'aux régions montagneuses de Parime et de Tapirapico, où se trouvent les sources de cet autre fleuve-roi de l'Amérique du Sud, ont été par lui soigneusement visitées.

L'homme blanc s'est assis au foyer domestique de chacune d'elles. Il s'est initié à leur langage, à leurs mœurs, à leurs coutumes.

Il a su se concilier l'affection de leurs chefs et de leurs guerriers.

Pauvres tribus qui vont s'affaiblissant de jour en jour, qui auront peut-être entièrement disparu dans un espace de temps assez circonscrit, décimées par des guerres continues et meurtrières, avant qu'un rayon bienfaisant du divin flambeau soit parvenu jusqu'à elles !

Fort heureusement, des documents, du plus saisissant intérêt, ont été recueillis par l'infatigable voyageur.

Avec tout autant de bonheur, de précieuses collections ethnologiques ont été par lui colligées. Elles se composent surtout de vêtements riches par la finesse et la décoration des tissus, de coiffures pittoresques, de nombreux instruments de chasse, de pêche, de bien d'autres encore destinés à la guerre. Rien qui indique une tendance vers l'art agricole, de la part de ces tribus nomades qui pratiquent le fétichisme, si ce n'est quelques belles planches de bois dur, hérissées d'aspérités solides, pour le ratissage du manioc, et des sacs, singulièrement élastiques, fabriqués avec des lianes, pour exprimer le suc de cette racine alimentaire.

Il s'y trouve quelques objets curieux au point de vue de l'emploi que nous pourrions en faire.

C'est ainsi qu'on serait tenté de devenir plagiaire pour la reproduction d'un instrument à priser le tabac, dans une tabatière un peu mieux façonnée, toutefois, que celle des *Piaroas* du Rio Atabapo et d'un appareil fort ingénieux des *Maquiritares*, destiné à aider les premiers pas des tous jeunes enfants dont les membres sont fortifiés par l'exercice qu'il leur impose.

Laissez-moi vous dire, Messieurs, que ces collections d'une conservation parfaite et d'une variété bien grande, peuvent être cédées !

Quel monument serait plus digne de les recevoir que le château Borély ?

Ainsi donc, Messieurs, dans la rêverie que je poursuis et à laquelle vous vous associez évidemment par votre attention bienveillante, je trouverais à remplir, de la manière la plus convenable et la moins onéreuse, toutes les pièces importantes du château municipal.

Je terminerai, en complétant mon tableau dont le coloris paraît séduisant et le sujet digne de méditation, par une proposition qui ne manque pas d'une certaine originalité.

Si j'ai rêvé à l'intérieur du château Borély, pourquoi ne continuerais-je pas, pour un moment, mon hallucination au dehors.

Iliacos intra muros peccatur et extra !

Nos voisins d'outre-Manche ont créé, sur plusieurs points du Royaume-Uni, des jardins zoologiques dont le plus splendide, sans contredit, est celui de Regent's Parck, près de Londres.

Dans cet établissement modèle, qui n'a point de rival en Europe, se trouve un *Aquarium* entretenu à grands frais et vivifié incessamment par l'eau de mer transportée à de grandes distances.

Dans ce palais de cristal, en miniature, s'épanouissent à souhait les *Zoophytes* ou animaux-plantes aux mille couleurs et aux formes les plus variées, les *Mollusques* nus au corps gélatineux, libres dans leurs allures ; les *Testacés* qui transportent avec eux la maison calcaire dont ils sont tout à la fois les architectes habiles et les décorateurs consommés ; ces coquilles si fraîches et si brillantes de couleur, que l'art ceramique ne saurait égaler dans leur admirable perfection. On y voit aussi des *Crustacés*, autrement dits *Crabes* ; des animaux *Radiaires*, oursins et étoiles de mer, qui s'y meuvent, s'y nourissent et s'y reproduisent.

C'est, en un mot, la manifestation de la vie animale sous-marine, mise à la portée des yeux du visiteur enchanté !

Le château Borély peut aussi posséder son *aquarium*. Pourquoi ne le posséderait-il pas ?

Toutefois, il faudrait l'établir dans des conditions et des proportions bien autrement considérables.

Sur les terrains appartenant au château, les plus rapprochés de la plage, il s'agirait de creuser un vaste bassin dans lequel les eaux de la mer, par des moyens dont la science de l'Ingénieur dispose, arriveraient abondantes et se renouvelleraient à volonté.

On y déposerait des roches marines couvertes de leur végétation naturelle, des sables au grain fin et argenté, ainsi que les cailloux aplatis qui tapissent le fond de la mer ; zone rocheuse avec ses *fucus*, ses *algues* et ses *zostères ;* zône sabloneuse, profonde et unie ; zône caillouteuse, selon les divers besoins des êtres organisés qu'on réunirait avec soin dans cette petite mer intérieure qui ne connaîtrait pas les tempêtes ; *mollusques* nuds et testacés, *zoophytes* multicolores, *crustacés* de toutes formes, *radiaires* aux digitations symétriques, aux piquants nombreux autant que variés, et, brochant sur le tout, ces myriades de poissons aux vives couleurs, sablés d'or et d'argent, *girelles* et *serrans, labres* et *rougets,* si bien appréciés par les amateurs passionnés de la pêche côtière maritime.

Sans contredit, un *aquarium,* ainsi peuplé, serait une des

plus séduisantes curiosités parmi celles qu'une grande ville peut offrir à sa population sédentaire et surtout aux nombreux étrangers que leurs affaires ou l'attrait des voyages y conduisent journellement.

Ici finit ma rêverie, Messieurs, au moment ou une voix sympathique, mais quelque peu méticuleuse fait entendre à mon oreille cette phrase ordinairement assez embarrassante :

Et les voies et moyens !

Les voies et moyens, répondrez-vous tous avec moi, peuvent-ils faire question, dans une ville qui, sous l'administration intelligente de M. Consolat, a eu le courage de consacrer quarante millions à l'entier achèvement du canal de Marseille, gloire impérissable de l'habile ingénieur de Montricher si prématurément ravi à notre affection ; dans une ville qui, au moment où ces paroles se font entendre. renverse des rues tout entières, ainsi que le souffle d'un enfant abat un château de cartes , pour ouvrir aux commodités de ses habitants, à la libre circulation de l'industrie et du commerce, une avenue pleine d'air et de lumière, dont l'effet grandiose et le coup-d'œil de perspective lointaine ne pourront être sainement appreciés qu'après l'entier achèvement des travaux !

Ce Discours a été inséré dans la REVUE DE MARSEILLE, (août 1860).